V̲oice L̲ock P̲uppet

poems by Ali Yüce

translated from the Turkish

by Sinan Toprak and Gerry LaFemina

ORCHISES
WASHINGTON
2002

R01236 89292 ht © 2002 Orchises Press

Library of Congress Cataloging-in-Publication Data

Yüce, Ali.
  (Agiz kilit kukla. English)
  Voice Lock Puppet / poems by Ali Yüce; translated from the Turkish by Sinan Toprak and Gerry LaFemina.
    p. cm.
  ISBN 0-914061-95-X (pbk.:alk. Paper)
    I. Toprak, Sinan, 1956- II. LaFemina, Gerry, 1968- III. Title.
PL248.Y73 A36132002
894'.3513—dc21

                                                                                  2001050069

ACKNOWLEDGMENTS

The translators thank the following magazines and their editors for publishing some of these poems:

Bitter Oleander	"Bird Grave," "Bitter Civilization," "The Pen Never Rests," "Perhaps," and "To Blow Away the Darkness"
The Burning World	"Adolescence" and "Glue."
Connecticut Review	"All the Girls We Were Engaged To"
Denver Quarterly	"Bleeding" and "Book on the Gallows"
Exquisite Corpse	"A Tree in Paradise," "Bridges," "Chill," and "From the Dig."
Field	"Spindle"
Hayden's Ferry Review	"For the Road"
Kestrel	"No Eyes," "Nomad," and "Kisses"
Red Brick Review	"I Wash my Handkerchief and Still Exploiters Soil It" and "Old Birds have Turned to Frogs"
Seneca Review	"Untouched City" and "Addicted to Rain "
Spoon River Poetry Review	"Three Nights" and "Even Love Wearies"
Virginia Quarterly Review	"Beautiful Felony" and "Odors"
White Pine Review	"Chest with 40 Locks" and "Flood"

Turkish originals appeared in the following:
Boyundan Utan Daragaci (Shame On You Gallows) First Edition , Bilgi Yayinevi, 1976; *Asilacak Kitap* (Book On Gallows) First Edition, Bilgi Yayinevi, 1991; *Yunuslama* First Edition, Bilgi Yayinevi, 1991.

Sinan Toprak would like to thank Ali Yüce, Roger Lathbury, Metin Toprak, the Kirtland Foundation, and Anne Dorr-Toprak.

Gerry LaFemina would like to thank Sean Thomas Dougherty, Paul B. Roth, the Instructional Division at Kirtland Community College, Erica Baker and Mary Ann Samyn.

Orchises Press
P. O. Box 20602
Alexandria, Virginia 22320-1602

G6E4C2A

VOICE LOCK PUPPET

BOOKS BY ALİ YÜCE

ŞİİRİN DİLİ, YAPISI, İŞLEVİ
(Tongue, Structure and Function of Poetry) 1975,

BOYUNDAN UTAN DARAĞACI
(Shame on You Gallows) 1976, Poetry

ŞEYTANİSTAN
(Satanland) 1976, Novel

HALK ÇAĞI
(Era of People) 1981, Poetry

ANAMI ARIYORUM
(Looking for Mom) 1981, Children's Poems

ORTADOĞU ŞİİRLERİ
(Poems from the Middle East) 1983, Poetry

ŞİİR SICAĞI
(Warmth of Poems)1986, Poetry

ANTAKYA ÇARŞILARI
(Markets of Antakya) 1986, Poetry

ŞİİR TUFANI
(Flood of Poems) 1989, Poetry

TAŞ TANRILAR
(Stone Gods) 1990, Poetry

İNSAN TOMURCUKLARI
(Human Blossoms) 1991, Children's Poems

ASILACAK KİTAP
(Book on the Gallows) 1991, Poetry

YUNUSLAMA
(Devotion to Yunus) 1991, Poetry

HAVALI MERYEM
(Meryem Full of Air) 1994 Poetry

UZAYA GİDEN UÇURTMA
(The Kite that Went to Space) 1994, Children's Poems

TOPUN İÇİNDEKİ DEV
(Giant in the Ball) 2000, Children's Poems

AŞKTIR EN YÜCE MAKAM
(Love is the Highest Rank) 2000, Poetry

Table of Contents

Introduction 7

Addicted To Rain 9
Untouched City 11
Telegraph 13
Azrael 15
Spindle 17
With My Own Eyes 19
Feast 21
Glue 23
Shame on You, Gallows 25
The Donkey which Worships its Saddle 27
From the Dig 29
A Tree in Paradise 31
For the Road 33
Old Birds have Become Frogs 35
Three Days 37
Three Nights 39
Adolescence 41
To Blow Away the Darkness 43
Bridges 45
Perhaps 47
Chill 49
Nature Girl 51
Electronic Civilization 53
Bitter Civilization 55
Flood 57
Blind with Forty Eyes 61
Chest with Forty Locks 63
Bird Grave 65
Beautiful Felony 67
Retired Uncle Abdullah 69
Odors 71
All the Girls We Were Engaged To 73
Nomad 75

Kisses 79
No Eyes 81
Book on the Gallows 83
The Pen Never Rests 85
Bleeding 87
Flowers of my Tongue 89
Only Lovers Know 91
Even Love Wearies 93
I Wash my Handkerchief and Still Exploiters Soil It 95

INTRODUCTION

Ali Yüce's original voice, his power of fantasy and striking honesty give him a distinguished place in contemporary Turkish letters. He has written more than fifteen collections of poetry, a novel (*Satanland*, 1976), and an analytical study about poetry (*Linguistics, Structure and Function of Poetry*, 1974). A product of Village Institutes, Yüce reflects their Anatolian character. As free from arrogance as his work is free from affectation, yet with a biting sense of humor that is strikingly devoid of grudges, Yüce's work sees the suffering and oppression of intellectuals in Turkey in the context of a broad, humanistic tradition, yet his language reflects the richness of his own, local Anatolia. Critics have found it difficult to label him. Although he could be identified as a socialist realist, there are counterpointed surrealist thoughts and images at odds with a programmatic social agenda.

The 1970s were especially productive years for Yüce. Experimenting with different forms of poetry without disregarding social realities, he devised his own poetic philosophy, synthesizing ideas from Avner Ziss, M. Kagan, Terry Eagleton, Ernst Fischer, Christopher Caudwell, Bertolt Brecht and Irwin Edman.

In *Linguistics, Structure and Function of Poetry*, he explains: "Unlike science, art cannot be squeezed in the framework of certain rules or laws that cannot be altered. Once in such a framework, art becomes rigid, insensitive and unyielding. It ceases to exist. Contrary to a scientist, a poet goes through a metamorphosis in the creative process as he or she adds to objective reality and passes through a prism of subjective feelings."

For Yüce, aesthetics are inseparable from freedom. In a 1999 interview, he spoke about government's support to art and artists: "Art has no government? Does the government have art? Yes, it does, but that art would have to wear a bow tie, like a waiter in a fancy restaurant, ready to serve, saluting. Government is tyrannical. Art and the artist, on the other hand, need freedom and cannot develop in an oppressive environment, or they will crumble. Government would want art in the framework of the dominant class' wishes. In our country all the way from the Ottoman times we have a literary tradition of compliance, a 'long live the Sultan tradition.'"

Independent from that tradition, Yüce's poetry loudly affirms independence. It asserts the right of his national culture to be free from foreign interference. Yüce feels that for an artist national culture is as important as mother's milk for a baby. "An art not fermented by national culture cannot reach universality. The dough of great works that are in the ranks of universality contains the yeast of national culture." Since he distills his poetry from folk culture, it is only natural that it has to be accessible to everyone. "Common folks say everything straightforward. I would like everyone, from all walks of life, to understand and enjoy my poems. I don't see art as a circus act, as word acrobatics. I don't consider poetry as playing hide and seek in the hallways of the subconscious. I think it is disrespectful to the reader to present him with a calculus problem to solve, simply because it would give the writer aesthetic satisfaction."

Yüce feels that he is born again each time his new book is published. We hope this collection of his poetry into English will be considered the first of many birthdays to come.

—*S. T.*

YAĞMUR TİRYAKİSİ

Nasıl oldu ben de bilmiyorum
Çıkıverdim köyden dışarı
Bulutları ürkütmüşüm
Yağmurlu ve kızlı bir havada
Gönlümü üşütmüşüm

Ağalı ve sopalı bir havada
Çıkıverdim köyden dışarı
Parmağımı tetikte unutmuşum
Tüfekli ve kuşlu bir havada
Yuvalara kan dolmuşum

Siz çiçek toplayın haritalarda
Kazmalı ve kürekli bir havada
Yataklara uyku dolmuşsunuz
İnişsiz yokuşsuz salonlarda
Bozkırdaki utancınızı unutmuşsunuz

Bölüşmekle eksilmez mutluluk
Ama gelmez ki çoban çocukluğum
Duymaz kirli zenginliğinizi
Dumanlı ve kurtlu havalarda
Kağnılara yokuş olmuşsunuz

Bayraklı ve çelenkli havalarda
Kürsülere söylev dolmuşsunuz
Yalan dolmuşsunuz kulaklara
Nice yıkasam arınmıyor
Yüzüme kara dolmuşsunuz

İzin almadan yağabilirsin yağmur
Ben artık demokrasi olmuşum
Dökülmekte özgürsünüz saçlarım
İstediğiniz kadar ağarabilirseniz
Anayasaya madde koymuşum

Dilimin uygarlığıdır şiir
Sevmek gönlümün uygarlığı
Nice öldürseniz ağlamam
Yağmurlu ve çiçekli bir havada
Toprağa kahkaha dolmuşum

ADDICTED TO RAIN

I don't know how it happened,
but when I stepped from the village
the clouds jumped—startled—
and, like falling in love,
spilled sentimental rain.

The weather became a landlord with his stick
when I left my village
as if my fingers curled the trigger
of this pellet gun weather, a storm
to fill the nests with blood.

You pick flowers from maps
during a storm of pickaxes and shovels
just to fill your beds with sleep
in the slop-free halls
far from your shame in the plains.

Happiness can't shrink with sharing,
but when I was a shepherd child
I didn't realize your corrupt wealth—
in weather of smoke and wolves,
you were only a hillside for ox carts.

You fart speeches from podiums,
infuriating the weather of wreathes and flags
with lies you stuff deep to my eardrums.
Despite frequent washing
I can't come clean;
instead, I spread black on my face.

Keep showering without permission, rain!
I have changed to a democracy
and you are now free to ape my falling hair.
You may get as gray as you like
I've written a bill of rights.

Poetry is my tongue's society
like love is my heart's,
so I won't weep. No matter how you pummel me,
I'll fill with laughter in the mud.

KIZKENT

Daracık bir akşam üzeri
Bir kente gireceksin
Açıldıkca kapanacak kapılar
Göz göz olacak anıların
Tanıyacaksın bu kenti
Daha önce hiç gelmemiş olsan bile

Kardan adamlar uyuyor
Buz döşekler üstünde
Isındıkça soğuyor Kafdağı
Güldükçe ağlıyor çocuklar
Kısaldıkça uzuyor gece
Masallar tere batmıs
Gerçekler toz içinde

Şey oğlu şeyler geçiyor
Küfürden atlar üstünde
Yükseldikce alçalarak
Madalyaları kana batmış
Ağızları kalaylı
Ekmekleri kir içinde
Depele en süslü yalanlarını
Tükür en kutsal yerlerine

Bir de bakacaksın
Tahta çıkmış emek
Atına binmiş özgürlük
Kıracak herkes tüfeğini
Övünmeye değmiyecek
Ne ölmek ne öldürmek
Selam söyle nar ağacına
Korkmasın artık
Kendi açtığı çiçeklerden

Yalım gibi kızlar
Kız gibi yalımlar
Gelecek zamanın karnında
Kar gibi eriyor Kafdağı
İt gibi uluyor zindan
Azaldıkca çoğaliyor halkım
Anlıyacaksın sevda nedir
Daha önce hic sevmemiş olsan bile

Untouched City

In the narrow confines of evening
you'll enter a city of doors: behind each one
will stand two more that are locked.
You read your memoirs in the newspapers
so you might recognize this city
despite this, your first visit.

The snowmen lie bleeding
in their mattresses of ice, their mystical mountain home
must warm up before re-freezing.
The children alternate between giggles and tears
as nights extend despite long daylight;
their fairy tales have been dipped in sweat,
their reality, in the dust

the sons of a bitch made as they passed
on their stallions of curses. The papers say
they've been repelled, but still they advance
with their medals of blood ribbon,
their mouths full of betrayal.
Let's trash their filthy lies
and spit on their holy spots.

A day will come
when freedom can ride through the towns
proclaiming the coronation of labor.
People will break their weapons on their knees
and will stop boasting
their murders or dead sons.
Once again they'll greet the pomegranate trees
so she won't fear
for her blossoms anymore.

In the womb of the future
girls burn blue with fire,
and fire burns in the shape of women.
Still, the mystical mountain melts its snow
and the dungeon howls and swells.
My people diminish but their population grows
so they might understand what love is
even if they've never fallen in love before.

TELGRAF

Mavi inişler ak düzler
Gözleyin yollarımı
Kesmeyin umudu benden
Gelirim bir gün elbet
Yıkılır bu kara duvar
Bu kara yokuşlar biter

Boyun büküp ağlama
Tarla kuşlarının kanadında
Unutulan çocukluğum
Kenger çalılarına bin de
İkide bir gel geç yakınımdan
Bu uzaklık birgün biter

Neyi tutsam kayıyor elimden
İğnenin deliğinden geçiyor
Yağlı güreş boğaları
Bin kat sarsanız yüreğimi
Buz dağından kefenlerle
Benim ateşim sönmez

Telegraph

On the blue slopes and white
plains watch for me
and don't lose faith
for I will come. Some day
this black wall will fall
and these shadowy uphills will end.

Don't submit to tears,
my forgotten childhood
who rides the wings of skylarks;
instead, land by the cardoon bushes
or pass near me daily.
Yes, one day this distance will end.

Whatever I hold slides from my hands
like oil-wrestling bulls
slipping through the needle hole.
Should they surround my heart
with a shroud of ice, a thousand layers thick,
they wouldn't put out my fire.

AZRAIL

Kaşığı tutsam
Çığlık oluyor elimde
Ekmeği bölsem çığlık
Su içsem çığlık içiyorum
Uyusam düşlerime doluyor
Uyansam sabahım çığlık

Üşüyorum Tanrım
Gece gündüz üşüyorum
Kış yaz soğukta sıcakta
İnce giysem kalın giysem
Durmadan üşüyorum Tanrım
Yüreğim buz bağlamış
Cehennemde üşüyorum

Aldığım canlar kovalıyor beni
Döktüğüm kanlar kovalıyor
Anaların bacıların gözyaşları
Durmadan kovalıyor beni
Durmadan kaçıyorum Tanrım
Kurtulamıyorum

Kırk başlı bir yılanım
Sokuyorum kendi kendimi
Öldüremiyorum Tanrım
    Hem leşim hem kargayım
Yiyorum kendi kendimi
Durmadan yiyorum Tanrım
Bitiremiyorum

Aldığım canlar kovalıyor beni
Döktüğüm kanlar kovalıyor
Durmadan kaçıyorum
Beni bu görevden bağışla Tanrım
Yapamıyorum

AZRAEL

The spoon in my hand
becomes a screaming mouth.
My bread screams its broken
crust and my water howls.
Whenever I gather my dreams
they are full and loud; at dawn,
the sun screams through my window.

My god, I'm cold.
Night and day my teeth tremble
—winter, summer makes no difference.
Dressed warm or naked,
I've become a continuous shiver:
my heart frozen solid:
hellishly cold.

Because the lives I stole
run behind me,
the tears of mothers and sisters
pursue me everywhere.
I try to get away, god,
but I can't escape.

I've become a two-headed snake
who bites itself but remains unable
to take its own life. I am
both the carcass and the buzzard,
constantly pecking my flesh,
unable to finish up.

The lives I took
still run after me.
The blood I spilled
keeps chasing me.
Forgive me, god,
I can't do this job.

KİRMEN

Kara ellerde kara kirmen
Eğirdiler karanlığı
Kelepçe yaptılar bacım
Darağacı yaptılar
Kurdular kara meydana
Asmaya götürdüler ışığı
Kahkaha atarken tüfekler

Asıldıkca bir büyüdü ışık
Bir büyüdü görsen bacım
Sığmaz oldu yere göğe
Biner biner doğdu güneş
Ağardı darağacı bacım
Ağardı ip ve kelepçe
Ağarmadı kirli eller
Tersine döndü kirmen
Ağlaşırken tüfekler

Ak ellerde ak kirmen
Eğirdiler gökyüzünü
Kuşlara kanat yaptılar
Saç yaptılar ak kızlara
Sevgi yaptılar ak bacım
Kan gürledi damarlarda
Kekelerken tüfekler

Spindle

The sinister hands at the spindle
spun darkness, sister.
They designed handcuffs
and shackles. They built gallows
during the night in a shadowy square
where they led the light to be hanged
while rifles stood laughing.

The longer those nooses swayed
the stronger the light grew.
You should have seen it, sister,
it didn't fit anywhere—
pregnant with a thousand sons.
Its brilliance bleached the gallows
and breached the ropes and chains
but couldn't clean the dirty hands. They stopped
and turned the spindle upside down
when they heard the rifles sobbing.

Soon a glowing spindle spun
under shining hands, spinning the horizon.
They wove wings for birds
and long hair for young girls.
They created love, sister,
and you could hear it roaring in the blood
as the rifles fled stumbling.

GÖZÜMLE GÖRDÜM

Can çekiyor koca dedem
Üç gün üç gecedir çekiyor
Biraz uzundur dedemin canı
Doksan altı yıllık bir can
Lokma lokma çıkıyor işte
Dedemin dişsiz ağzından

Yüzünde tarihi coğrafyası
Çizgiler okyanusu yüzünde
İki gözünde iki gemi batıyor
Göçmen bir dünyadır dedem
Her geminin güvertesinde
Kuşlara mendil sallıyor

Gözümle gördüm
Kuru ağaçlara can yürüdü
Sevda bürüdü dağlari taşları
Süt yürüdü bir kadının memesine
Bir kız kendi kendini
Öpüşten yarattı

Gebe bırakti bahar yeli
Kurtları kuşları bulutları
Süzülen uçurtmaları
Gebe bıraktı karasaban
Alıçlı Seki'deki kıraç toprağı
Doğururken öldü kıraççık
Karnında umutlarım vardı

With My Own Eyes

My granddaddy is dying
painfully. For three days and nights
my grandfather's soul has been stretched thin.
Poor 96 year-old soul,
worn out bite by bite
from his toothless mouth.

History and geography tattoo his face
with lines. On the sea of his cheeks
two ships sink in his eyes.
My granddaddy heads for a migrant land.
On every deck of those ships
he is waving his handkerchief
to the gulls.

I saw it with my own eyes:
his soul arrived at the dry trees,
love filled the mountains and stones,
and milk moved forward in a woman's breast.
Then a girl made herself
out of a kiss, and a spring
wind impregnated the wolves,
the birds, the clouds,
the plow, and the flowing kites.
The country died while giving birth
to the arid land of Alicli Seki.
She had my hopes in her womb.

ŞÖLEN

Sofrayı kurunca ana fare
Çağırdi kocasını çocuklarını
Buyur etti konuklarını
Soluk soluğa yetiştiler
Sofrada kedi eti vardı

Yediler içtiler geğirdiler
Soylu bir kedinin çektiği
Kapan'dan arabaya bindiler
Şıngır mıngır oynayarak
Bayram yerine gittiler

Yarışı kazanırsan diyordu
Baba fare oğul fareye
Sana bir kedi ödül vereceğim
Benimle evlenirsen diyordu
Oğlan fare kız fareye
Seni kedi sütüyle beslerim

Feast

Mama mouse sets the table
and then calls her spouse, the kids,
and her invited guests
who arrive gasping, excited
by the cat meat on the menu.

They ate, drank, and burped.
They piled aboard a carriage made of an old trap
pulled by a noble tabby.
Inside, they carried on with gusto
riding to the festival.

If you win the race, said
Papa mouse to his boy,
I'll reward you with cat meat.
If you marry me, said
the girl mouse to her lover,
you'll never thirst for cat milk.

TUTKAL

Bir sabah uyandım baktım
Düştüm yastığıma yapışık
Şiir yazarken ölmüşüm
Dilime yapışık sözcükler
Çığlığım tavana yapışık

Eğilip baktım pencereden
Rüzgar damlara yapışık
Gözlerime yapışık Antakya
Ölü götürüyor üç beş kişi
Ayakları yola yapışık

Kime küsmüş nar ağacı
Çiçeklerini yere atar
Cellat üşür gölgesinde
Tere batmış dar ağacı
Ayakları köze yapışık

Sen nasıl baharsın böyle
Bütün kuşların tek kanatlı
Korkuları tüylerine yapışık
Ağaçların çiçek açmış
Acılari dallarına yapışık

Sen ne biçim uygarlıksın
Parmağın tetiğe yapışık
Özgürlük beslersin kafeste
Kadınlarin çiçek açmış
Sıcaklığı vitrinlere yapışık

Bir sabah uyandim baktım
Çürük bulutlarin altında
Takla atıyor kirli sular
Işığa sövüyor üç beş kişi
Kimlikleri yüzlerine yapışık

GLUE

This morning I awoke and saw
I was glued to my pillow.
I must have died writing poems
because my words lay pasted to my tongue,
my scream to the ceiling.

I twisted to see beyond the window
where the wind struck then stuck to the rooftops.
Antakya, glued before my eyes,
her citizens burying their dead;
the procession's feet glued to the street.

Who offended the pomegranate tree
which now hurls its blossoms to the ground,
missing the executioner who shivers in its shadow—
his gallows drowned in sweat
and the soles of his feet glued to ashes.

What kind of spring is this?
All the birds return one-winged,
fears glued to their feathers,
and the trees glue
leafy buds of sorrow to their branches.

What kind of civilization?
With their index fingers glued into a trigger's curve,
the people reach through bars to feed freedom its crumbs.
The cheeks of women bloom warm with blood
as they stand, glued beside windows.

This morning I awoke and saw
rotten clouds defecating
dirty, acrobatic rain
on people who swore at the light,
their identities glued to their faces.

BOYUNDAN UTAN DAR AĞACI

Çürümüş karanlık
Bin kere bin yıl
Kuyularda beklemekten
Kokmuş küflenmiş
Ürkmüş kendi renginden
Kaçmış karanlık

Yıllanmış soğuklar doluyor
Yetimlerin et koynuna
Polis düdükleri doluyor
Uyuyor altın dişli bir köz
Güneşi ısırıyor düşünde

Nedir bu diye
Soruyor yalınayak çocuklar
Sağımız solumuz diken
Önümüz yokuş ardımız yokuş
Ya kuşlar çocuk olsun
Ya çocuklar kuş

Gebe bir kadın gibidir
Kafalarda düşünce
Büyümeye başladı dünya
Tohum toprağa düşünce
Korkuyor kanlı canavar
Kendi çirkinliğinden

Eskin bir attır şimdi
Kanımızla beslediğimiz bahar
Bindirmiş rüzgarı sırtına
Kişner orman orman
Koşar ırmak ırmak
Yelesinde yangın var

Kovuluyor yılan ıslıkları
Taze gelinlerin yatağından
Et koynundan genç kızların
Boyundan utan dar ağacı
Kırk canlı oğlan doğuruyor
Kocasını astığın kadınlar

SHAME ON YOU, GALLOWS

The rotten darkness
that's squandered 1000 x 1000 years
waiting in some pit,
smells of mildew and mold
and scares itself with its own hues.
How the darkness flees

with its luggage of orphan's flesh
full of old chills
and police whistles
past a sleeping dog with a ten-carat tooth
gnawing the sun in its canine dreams,
some faded ash in its mouth.

What is this?
shoe-less children ask.
We're surrounded by thistles
and steep hills.
Either let the birds be children,
or let the kids grow wings.

Thought is like a pregnant woman—
when the seeds fall to the soil
the world begins to blossom.
Still, the bloody darkness dreads
its own grotesqueness.

The spring fed with our blood
runs like a spirited horse
with the wind as its rider.
Its neighs echo in the groves,
and it gallops like the rapids
as if its mane were ablaze.

Its hoof beats drive the snakes, hissing
and spitting from the beds of new brides
and from the breasts of young girls.
Shame on you, gallows,
fathering forty boys with
women whose husbands you hanged.

SEMERİNE TAPAN EŞEK

Dinlediler
Tarihin kart sesini
Tahta kulaklarıyla
Emdiler taş memesini
Öpüştüler öpüştüler
Demir dudaklarıyla

Ölçtüler boyutlarını
Sırtlarındaki yaranın
Tarihsel zaman ile
Eni bin yıl
Boyu bin yıl
Derinliği bin

İşte kırk bir miğfer
Bir ceket düğmesi
Bir araba tekerleği
Şişmiş bir at
Ses kırıkları bir kralın
Karpuz kabuğuyla yanyana
Yüzüyor kanlı bir suda

Susamıştır şimdi
Kendi kokusuna bir çiçek
Özlemiştir
Kuş kuşluğunu
Böcekliğini böcek
Pahalı bir renge boyanmış
Semerine tapan eşek

The Donkey which Worships its Saddle

With their wooden ears
they listened to the scratchy voice
of history, hissing like an old record.
They sucked its stone breasts.
They kissed and caressed
with their iron lips.

They measured the lacerations
and open wounds on their backs
with temporality:
width—one thousand years
length—one thousand years
depth—one thousand years.

Scattered here are forty-one helmets,
a coat button,
a dislocated wheel,
a mare's decomposing corpse,
and a king with a shattered vocabulary.
Watermelon rinds flatter
the bloody water in his vessels.

The flowers of the garden now thirst
for his or her own scent.
The birds and the insects miss
their solitude and themselves.
Still, some donkeys worship the saddle
when it's painted ornately.

KAZI

Ben Hattili çiftçi
Tanrı bilirdim toprağı
Göğüm güleç yüzlüydü
Öküzümle birlikte
Çifte kuşardım güneşi ayı

Sabanımın serin demiri
Sıcak toprağı öper öpmez
Kokulu yağmurlar başlardı
İlk damlası pıt ettiri
Düşünce yanık yüzüme
Gülerdi çıkınımda ekmeğim

Ben Hattili büyücü
Toprağı terle karınca
Uçmaya başlardı ağaçlar
Kuşlar çiçek açardı
Öpüşürdü buğdayla karınca

Ben Hattili çoban
Dağları bir boy yaptım
Denizleri bir boya
Kavalımı kırdı Tanrılar
Abam üşüdü ben yandım

Yüz ışığı göz ışığı
Gülerek çıktı ağzımdan
Dilimdeki söz ışığı
Ben Hattili ozan
Bin yıl giydim eskimedi gömleğim
Düşledim uzak yarınları
Büyüdü kerpiç evim

Daha çürümedim
Ayrılmadi etim kemiğimden
Şunun şurasinda
Daha ne oldu ki
Kaç ot bitti üstümde
Kaç uygarlık yeşerdi

From the Dig

I am a farmer from Hatti
who worships the earth's lush soil.
The sky once smiled whenever
I harnessed my oxen
to plow the sun and moon.

As soon as my cold plowshare
furrowed the warm earth
an aromatic rain would fall.
Once those first drops struck my tanned face
and the bread in my knotted bundle grinned.

I am an alchemist from Hatti
and I blend the earth with my sweat
so trees might begin to fly
and birds blossom.
Ants would kiss the wheat passionately . . . .

I am a shepherd from Hatti;
I carved bas reliefs into the mountains
and used sea water for my paint.
Then the gods broke my flute, and my cloak
remained cold while my body was in flame.

The lightness of my face and eyes
and the bright words on my tongue
smile from my face
because I am the poet of Hatti.
I have worn this shirt for a thousand years
while dreaming of distant tomorrows.
Still, my adobe home grew

and I am not yet rotting:
my skin still holds my bones tightly.
I am like the fields of Hatti—
although just a few grasses grew on me
a few civilizations turned green.

TUBA

Ben halk bahçesinde
Uykusuz bir kavağım
Geceleri balta girer düşüme
Toplar tüfekler bombalar
İnsan ölüleri girer
Uyumaya korkarım

Ben bir altın saksıda
Çok yorgun bir çınarım
Bir çirkin oturur gölgemde
Dallarıma kuşlar konmaz
Sararmadan dökülür
Körpecik yapraklarım

Ben Ortadoğuda
Yediveren bir hurmayım
Bir sömürgen oturur gölgemde
Köküm sızlar dallarım sancır
Çiçeklerim kokar leş gibi
Meyvelerim kurtlanır acır

Ben Anadolu'da
Sevda yüklü bir asmayım
Bir güzel geçer yanımdan
Başım döner gözüm kamaşir
Köküm Halk toprağında
Kanım dünyayı dolaşır

Ben sevgi bahçesinde
Çok büyük bir Tubayim
İsa da sığar gölgeme
Muhammed de sığar
Buyurun oturun bayım

A Tree in Paradise

An insomniac poplar, I guard
the garden of the people.
My nightmares: axes,
cannons, rifles and explosives.
When human corpses fill my dreams,
I'm too scared to sleep.

Just a tired plane tree, I'm imprisoned
in a golden pot. An ugliness
rests in my shade. My tender leaves
fall—still born—still green.

I am an ever-blooming date tree
in the Middle East
with a colonist sitting against my trunk.
My roots ache, my branches
hurt, my flowers bloom fetid,
and worms infest my fruit.

A passionate grapevine in Anatolia
I smile at the beautiful women
who pass me by. I feel
dizzy, my eyes dazzled.
My blood circumnavigates the world
aware of the people in my roots.

I am the great Tuba tree in paradise:
in the garden of love my shade is
so grand both Jesus and Mohammed
can sit to together. Please,
reader, have a seat.

YOLLUK

Bu eller iş elleri beyim
Tarlada kazma cephede tüfek
Bu eller yapar tarihi coğrafyayı
Bilerek bilmiyerek
Sofranıza ekmek olur bu eller
Caddenize asfalt gecenize ışık
Bu eller yumruk olmayı bilmiyor daha
Bu eller demokrasiye aşık
Gidıklayin ağaçları
Kahkahamı toplayın yerden

Bu ayaklar yol ayakları
İnişlere yokuşlara tutsak
Bu ayaklar tekme olmayı bilmiyor daha
Bu ayaklar demokrasiye aşık
Kapatıyorum gözlerimi bir odaya
Bıktım usandım her gün kör olmaktan
Kadınlar şarap güler salonlarda
Aşk artığı ağızlarıyla
Silkeleyin kuru bulutlarını köyümün
Göz yaşlarımı toplayın yerden

Bu yürek sevgi yüreği beyim
Benim en büyük yüreğim
Boğuldu kan denizlerinde
Ay ve güneş sürülerim
Ak bir güvercin yolladım size
Sığmadi göklerinize
Irgalayin kavak ağaçlarını
Özgürlüğümü toplayın yerden

For the Road

Mister, these hands are no strangers to labor;
their palms know the pickax in the field, the rifle of the front.
These hands create history, geography
aware unaware.
They are loaves for your table,
pavement for your boulevards, light for your night,
yet they don't see their potential for fists.
These hands love democracy;
tickle the trees,
and reep their laughter from the ground.

These feet are the street's
and are thus bound to the servitude of ascent and descent.
Yet, they don't know their ability to kick.
These feet are in love with democracy.
I lock my eyes in a room,
weary of my cataracts and hear,
beyond the walls, women laughing wine in the halls,
some remnant love in their mouths.
Rattle the black clouds over my village;
and gather tears from the ground.

Mister, this heart is the heart of love,
my greatest heart
which won't drown in a flood of blood
like my brood of moons and suns.
I sent you a white pigeon
which you pistol-whipped from the sky.
Shake my poplar trees
and pick up freedom from the ground.

ESKİ KUŞLAR KURBAĞA OLMUŞ

Teneke yapraklı
Demir çiçekli bu ağaç
Şu tahta dilli kuşu sevmiyor
Eğri eğri bakıyor ona
Kötü kötü bakıyor hep
Dalına konsun istemiyor

Kuru ve kart sesiyle
Durmadan ötüyor kuş
Vırak vırak vıraklıyor
Diş sıkarak dinliyor ağaç
Ama kuş kuş değil ki
Anlamıyor

Oysa bir zamanlar
Bu ağaç bu kuşu
Deli gibi severdi
İpek sesiyle öterdi kuş
Ağaç dinlerken büyülenir
Kendinden geçerdi

Her şey değişti şimdi
Şu deli toprak hasta
Ne ağaç eski ağaç
Ne kuş bildiğimiz kuş
Çiçeği tanımıyor arı
Bal yapmayı unutmuş

OLD BIRDS HAVE BECOME FROGS

This tree with tin leaves
shivers at the wooden-voiced thrush
looking with crooked eyes at its iron blossoms—
he doesn't want his song in its branches,

but still the bird keeps singing
his scratchy jazz
while the tree gnashes its acorns.
The thrush doesn't sense its discomfort

despite once nesting in those same branches
years back when the tree loved
the bird's satin whistle
that stilled even the wind through the leaves.

Everything is different these days:
the earth caught the flu,
the tree and bird no longer recognize each other,
and bees can't even see the brilliant eyes of flowers.
They've even forgotten their recipe for honey.

ÜÇ GÜN

Caddeler sokaklar bomboş
Kapılar pencereler uykuda
  Bugün pazar
  Bugün bütün günlerin ölüsü

Ağaçlar çiçekler kuşlar
Kaynayan kadınlar
    taşan kızlar
  Bugün ilkyaz
  Bugün bütün günlerin dirisi

Çocuklar uçurtmalar balonlar
Şarkılar türküler oyunlar
  Bugün bayram
  Bugün bütün günlerin gülüşü

Three Days

These empty streets:
every door and window asleep.
Today is Sunday:
that body lying in the morgue.

Trees, flowers, birds
and women surge upward.
                            Girls overflow.
Spring's first day:
Eucharist of the calendar.

Children sing folk songs above
the clamor of kites, balloons, and games0.
Today must be a holiday:
listen for its laughter.

ÜÇ GECE

Tahta gibi karanlık
Pelte gibi uyku
    Bugece çukur
    Bugece derin
    Bugece bütün gecelerin kuyusu

Okyanus gibi bir gök
Timsah gibi bulutlar
Sağır şimşek kör yıldırım
    Bugece tufan
    Bugece bütün gecelerin delisi

Bahçe gibi bir gök
Çiçek gibi yıldızlar
    Bugece özgürlük
Ay büyümüş büyümüş
    Bugece bütün gecelerin düğünü
Sanki sevgili gülmüş

Three Nights

Darkness like a blackboard.
Sleep, its chalk.
Night like a dug pit
      seemingly bottomless—
tonight is the well of all nights.

Sky like a swamp.
Clouds, the crocodiles swimming there.
Deaf thunder.   Blind lightening.
Night flooding.
Tonight is the most insane of nights.

Sky like a garden.
Stars, the flowers blooming.
Night is freedom
      and the moon has fully blossomed.
Tonight is the wedding reception of all nights
as if the lovers had smiled

ERGENLİK ÇAĞI

Her gece
Sen uyuduktan sonra
Kanlı çiçekler topluyorum
Bahçendeki dar ağacından
Gözlerini topluyorum
Düş gören bir asmadan

Öpüp basıma koyuyorum
Karlı dağdaki sabahı
Kimse görmüyor senden baska
Ağırlıksız kuşlar gibi
Kanatlanıyor dudakların
Konuyor ergenlik çağıma
Pişiyor bekar ekmeğim
Kalçalarının ateşinde

İşte patlıyor bak
Türkülerin tomurcuğu
Buğday tarlalarında
Dolaşıyor yüreğimiz
Ellerime değiyor ne hoş
Ak teninde ayva tüylerin
İşte esiyor bak saçlarının sarı ruzgarı
Özgürlüğün tepesinden

Yığıyor yeşil mağmasını
Toprağın dölevine
Sevdanın ısıttığı tohum
Davul gibi şişiyor korku
Kesilirken gecenin kellesi
Sessizce konuyor gökyüzü
Şiirimin taç yaprağına

ADOLESCENCE

Each night, after
you stumble into sleep,
I gather the wounded blossoms
from the gallows in your garden,
or else I pick your eyes
from a slumbering grapevine.

At dawn I kiss the morning
on our snowy mountain
and nobody sees but you.
Like weightless birds
your lips grew wings
and landed on my adolescence.
Soon, my bachelor's bread baked
on the fire of your hips.

Now look, it's bursting
with buds of song
that our hearts whistle, wandering
in the wheat fields
where you delight in the touch of my hands:
your white thighs and above—the fuzz on a quince.
Feel, a blonde wind blows your hair
from the hill of freedom.

The seeds heated by our love
have gathered their green magma
to give to the soil's offspring.
Fear bounces and calls like a drumhead
during the execution of night.
Quietly, the sky settles
on the leaves of my poems.

KARANLIĞI SÖNDÜRMEK

Görünmez bir salıncak gibi
Sallanır yaşamın basamakları
Durmadan ha iner ha çıkar insan
İstese de istemese de ayakları

Nereye gömerseniz gömün
Nasıl yatırırsanız yatırın ölüleri
Siz arkanızı dönünce
Gene kalkıp otururlar
Birbirlerini görmek icin
Söndürmek için karanlığı

Nice bağlarsanız bağlayın
Ellerini ağızlarını ölülerin
Gene türkü söylerler
Uykusu kaçar tohumun
Kaşınır toprağın ayıp yerleri

Nice bağlarsa bağlasın Zeus
Promete'nin kollarını
Nice kekerse keksin
Ciğerini kartal
Gene indirir ateşi gökten yere
Gene öpüşür su ile toprak
İstese de istemese de dudakları

To Blow Away the Darkness

As if riding an invisible swing
a man arcs through time like a playground
constantly exploring the contrast of up and down,
deaf to dizziness and the stomach's complaints.

Wherever you place the dead,
or how you lay them,
when you turn around
they sit up
to see one another,
their conversation of teeth ruining the dark.

You can bind the hands of the dead;
you can sew their mouths silent,
but they'll still sing,
keeping the seeds awake
until the soil itches its private parts.

Remember how Zeus bound
the arms of Prometheus? No matter.
Now an eagle screams that heart's sole note
the gift of fire borne on its tongue—
without caring how its lips feel,
it kisses the water and we can watch the steam ascend.

KISNIK

Asarcık köprüsünden
Bir kız geçer
Yaprak dökülen yaşta
Ekin biçilen boyda
Dili ağzına sıkışık

Üşür köpek ulumalari
Boğazıma sarılır boz kıraç
Kaşınır karanlığın
Üreme organlari
Tohum toprağa sıkışık

Antakya köprüsünden
Bir kız geçer
Kuşlar uçan yaşta
Sular akan boyda
Gülmesi yüzüne sıkışık

Can sıkıntısısın
Kuş mu yapmış ağaçlar
Gözleri kavga bakışır
Tüyleri barışkan
Öfkesi gagasına sıkışık

Antakya köprüsünden
Bir kadin geçer
Bir bacağı altın
Bir bacağı kalay
Ayakları tarihe sıkışık

İşte size dayalı döşeli
Bir gökyüzü
Kanatlarına ak düşmüş kuşlar
Dağlar duman yapmış korkuyu
Yalnızlık çiçek açmış bozkırda
Rengi düşlerime sıkışık

BRIDGES

A young girl crosses
the Asarcik Bridge.
She's the age of falling leaves
and the height of crops calling to be reaped.
She holds her tongue tight to her cheek

as she hears the shrill howling of a dog shivering, chilled
as the arid land coagulates in my throat.
The genitals of darkness
beg to be scratched as seeds shrivel in the earth.

A girl crosses
the Antakya Bridge.
She is the age of migrating birds
and the height of white rapids.
She holds her laughter tight to her face.

The trees turned the boredom
into birds
with ferocious eyes
camoflauging their urge to pick a fight
with peaceful feathers.
Their hard beaks betray their anger.

A woman crosses
the Antakya bridge
with a pair of prosthetic legs—
one golden, one tin.
Her feet walk close to history,

above her, a furnished sky:
birds with white feathers,
mountains foggy with the mist of fear,
to the other horizon, loneliness blooms on the plains.
All the colors of the world bound tight to her dreams.

BELKİ

Çiçekler düş görseydi
Belki görüyorlar kim bilir
Renkli uçurtmalara binip
Gülen çocuk yüzlerine
Oynamaya giderlerdi
Gidip gitmediklerini
Bize çocuklardan başka
Kim söyleyebilir

İş icin ekmek icin
Ağaçlar gurbete gitseydi
Belki gidiyorlar kim bilir
Yeşil bir ırmak olurdu emekleri
Hangi denize döküldüğünü
Bize ağaçlardan başka
Kim söyleyebilir

Kuşlar şiir okusaydı
Belki okuyorlar kim bilir
Soğuk kış gecelerinde
Et koynuna tünerlerdi ozanların
Niçin tünediklerini bize
Ozanlardan başka
Kim söyleyebilir

Yıldizlar sevdaya düşseydi
Belki düşüyorlar kim bilir
Bir güzelin damına inip
Nöbet tutarlardi geceleri
Kerem gibi yanarlardı
Küllerini bize
Güzellerden başka
          Kim gösterebilir

Perhaps

Perhaps flowers dream.
                And if they should
they would ride colorful kites,
the long stems of their strings held by school kids.
Who can tell us this vision
of petals—only the children.

Perhaps the willows are immigrating
                to foreign lands
where their labor would become a green river.
Who can tell us to what ocean they flow—
only the trees.

And if swallows read
                perhaps it's poesy:
perched by a poet's neck and reading over
his shoulder through frozen nights.
Who can tell us why they nest there—
only those poets.

Perhaps the stars couple
                and fall in love.
They seem to climb from some lovers' roof
and burn themselves like Kerem
while watching over his woman all night;
only the lovers
can show us their ashes.

ÜŞÜME

Senin saçların sağanak
Dudakların deli
Dünya kuruldu kurulalı
İlk sevişimdir bu benim
Bütün ağaçların dallarında
Göz göz oluşumdan belli

Ne renk olursan ol gökyüzü
Nere saklanırsan saklan
Arayıp bulmuştur kuşlarım seni
Uçmuştur yüreğimin üstünde
Tüylerinin sıcaklığından belli

Eritmişler gökyüzünü
Koymuşlar fincan içine
Nezaman gözlerini açsan
Mavi yağmurlar yağar içime
Eğri büğrü sokaklarda
Islanir çocukların oyunları
İçimde sıcak bir üşüme

Koşa koşa açsın artık
Yanlışlıkla solan güller
Yamuk yumuk evlerde geceleri
Nenni örtüyor yoksul analar
Üşüyen çocuklarının üstüne

Eğirmişler kanlı suları
Saç yapmışlar başlarına
Yetimlerin göz yaşlarını
Yüzlerine kahkaha yapmışlar
Koşa koşa doğsun artık
Yanlışlıkla ölen yiğitler

Dünya kuruldu kurulalı
İlk uçuşumdur bu benim
Kendi kanatlarımla
Kendi başımın üstünde
Bütün duru ırmakların
İçime akışından belli

CHILL

Her hair is a downpour
and her lips, the tornado's breath.
Since the birth of the earth,
she is my first love.
See how the delicate blossoms in the orchard
quake with my tentativeness.

No matter her color, she is sky,
and wherever she hides,
my birds will find her
for they have flown right from my heart.
She will feel its warmth in their feathers.

The horizon has been melted
and collected in a cup.
Whenever she open her eyes,
a bruise-colored rain falls
on the curved roads
washing away the children's games,
but channeling a warm chill within me.

Such rain allows the roses to bloom proudly,
roses which would have wilted otherwise.
In the crooked houses at night,
mothers lay the covers of lullabies
on their chilled children.

Some have spun the bloody waters
into hair for their heads,
and they've painted laughter on their faces
with the tears of orphans.
May the brave be reborn courageously
for they had died by mistake.

Since the birth of the earth
she is my first flight
on my own wings
and with my own head.
My first flight: so obvious if she could see
the pure river flowing inside me.

DOĞA KIZI

Tatlı bir sızı gibi
Yürür dallarıma
Patlatır tomurcuklarımı
Gizli parmaklarıyla

Kutsar tozlu yollarımı
Işıktan ayaklarıyla
Gelir seke seke doğa kızı
Gider salına salına

Savurur sonsuz saçlarını
Harman eder rüzgar
Tırısa kalkar deniz
Takla atar dağlar
Sevdanın duldasında

Nature Girl

With a sweet pain
she walks to my branches
and pinches my buds
with her bashful fingertips.

She blesses my dusty roads
with her light tread—
Nature Girl arrives skipping
and walks away swaying,

the wind throwing her
eternal hair into the air.
In the refuge of love,
the sea begins to boogie
and the mountains somersault.

ELEKTRONİK UYGARLIK

Dağ gibi dağların başında
Ot gibi otlar bitiyor
Uygarlığın elektronik ineği
Kendi kendini döllüyor
Altın oluyor bastığı toprak
İçtiği su gümüs oluyor
Meme oluyor tüm bedeni

Elektronik ahırlarda
Düş gibi düşler görüyor
Uygarlığın elektronik ineği
Boğa gibi boğalarla
Işık hızıyla öpüşüyor
Elektronik süt emiyor
Buzağı gibi buzağılar

Gök gibi göklerde
Kuş gibi kuşlar uçuyor
Elektronik bahçelerde
Ağaç gibi ağaçlar
Meyve veriyor tatsız
Kokusuz çiçek açıyor

Askerlik görevini
İpekli pijamayla yapan
Elektronik adam
Komutan mı olmus başıma
Padişah mı olmuş ne
Halkı savaşa sürüyor

Sömürgeci kapısında
Elektronik bir köpek
Köle etiyle beslenir
Düğmesine basınca
Işık hızıyla ısırır kendileri
Ağzını bağlasanız
Kuyruğuyla havlar kendileri

Electronic Civilization

At the mountain top
the grass stretches for the clouds
where the mechanical cow of civilization
inseminates herself.
Where she steps turns to gold.
The cud she chews becomes silver.
Her whole body becomes a giant teat.

In electronic barns
she dreams of electronic bulls,
of pulsed-light binary kisses
and breast feeding her calves
with digital milk.

Meanwhile, birds fly to flock
by the orchard's tasteless fruits
and the scentless flowers blossoming
in the mechanical gardens

of the electronic prince. He wears epaulets
and medals on his silk pajamas
and awakes as a digital-age emperor
to lead his nation to war.

Truly though, he is just a robot dog
sleeping by the back porch of imperialists
and feeding on slave flesh.
Push his button and he'll bite
at the speed of light—
his muzzle doesn't matter
for he can bark with his tail.

ISIRGAN UYGARLIK

Silkeledim yamalı bayrakları
Gözyaşların döküldü çöle
Senindir bu soyulmus toprak
Çekilmiş bu acılar
Bu sarılmamış yara senin
Görür görmez tanıdım
Binlerce yıl uzaktan

Irgaladım kuru ağaçları
Yanmış güvercinler döküldü
Yetim çocukların eteğine
Bizimdir bu ısırgan uygarlık
Bu yazilmamış roman bizim
Okudum satır satır
Sözcük sözcük ağladım

Bir dağı kucaklayıp
Öptü yaşlı bir çoban
Ulu çınarların ulu gölgesine
Yanık türküler döküldü gökten
Kaval sesleri döküldü
Çınladı kulaklarım
Binlerce yıl uzaktan

Yüzündür bu tutulmus güneş
Yolu kesilmiş bu ay
Balta girmemiş bu tarih
El değmemiş bu zaman
Patlamamış bu tomurcuk senin
Koklar koklamaz anladım
Binlerce yıl uzaktan

Çıplak ayaklarınla
Öper gibi bastın toprağıma
Kuru ağaçlara su yürüdü
Yapraklara çiçeklere
Renkler kokular yürüdü
Ses yürüdü kavalıma
İnceldi uzadı çoğaldı
Çıldırdı parmaklarım

Bitter Civilization

I shook your tears loose from our patched flag
and watched them pour into the desert.
From a thousand years away
I recognized immediately
that this stripped land full of remorse
and heartache is yours.

I rocked the brittle trees
which spilled burnt pigeons
into the outstretched laps of orphans.
This bitter civilization
is ours. I read its unwritten novel
line by line
and wept word by word—

how an elderly shepherd
hugged and kissed a mountain
while the sky sang its dirges of rain
to the grand shade of plane trees.
Even from a thousand years away
the distant echo of spilled
pipe music filled my ear.

The lunar eclipse is your face—
such a shadowy moon—and history
is a tract of virgin trees.
Time remains untouched. . . .
I could smell the skin
of new buds waiting to open
though a thousand years away.

When you stepped barefoot on this land,
gently, as if kissing it,
sap began to appear again
in the dry trees—all color and scent.
My fingers became dervishes
and so tunes were birthed from my pipe:
such music, all those notes it spawned.

TUFAN

Adnan Binyazar'a mektup

Kış geldi dayandı
Dayandı kapımıza
Antakya'da yağmur yağıyor
Yağmur değil Nuh Tufanı
Eğri eğri sicim sicim
Kırbaç kırbaç yağıyor
Bulutlar bağırıyor arkamdan
Rüzgar ıslık çalıyor

Yetişiyor arkamdan rüzgar
Kasketimi başımdan alıp
Kendi başına giyiyor
Şemsiyemin tellerini
Kırıp kırıp elime veriyor
Çekirge bacakları gibi

Nuh'un gemisine biniyor
Her yanından çocuk sarkan
Bir gecekondu kadını
Önünde çocuk ardında çocuk
Kucağında karnında çocuk
Kadın değil üzüm salkımı

Antakya'da şimdi
Sicim sicim yağmur yağıyor
Yalnızlık yağıyor işte
Mektuplarım üşüyor postada
Telefonda sesim üşüyor
Bir kuru selam beklerken
Saçlarıma ak düşüyor

Bahar geldi dayandı
Dayandı kapımıza
Bahar değil şiir tufanı
Yerler gökler yeşeriyor
Okul çocuklarının sesleri
Kızların gözleri yeşeriyor

FLOOD

A letter to Adnan Binyazar

Winter knocks our door, its fists
are the rains in Antioch
which are more like the rains of Noah's
40 days: pelting and whipping
while the clouds shriek
above the wind's whistling.

The wind throttles me;
it steals my hat
to wear on its own head.
It breaks the wires of my umbrella
and gives them to me
askew like a grasshopper's legs.

A shanty-town woman
laden with children
like a bunch of grapes
boards Noah's Ark—a child
before her and behind her,
another on her lap and still one in her belly.

The storm pummels Antioch
with rains of loneliness.
My letters shiver in the mailbox.
My voice on the phone freezes
as I wait for a hello.
Grey flutters into my hair.

When spring comes to our dour door
like a flood of poems,
earth and heaven will wear green
while school children sing their rhymes
and the eyes of the girls blossom.

Yaz geldi dayandı
Dayandı kapımıza
Yaz değil güneş tufanı
Işık kaynıyor her yer
Renk kaynıyor koku kaynıyor
Kanı kaynıyor toprağın
Aslı'nin memesinde süt
Kerem'in yüreğinde dert kaynıyor

Sömürü bir gergedan simidi
Elinde kanlı çatalı
Altın tabakta demokrasi yiyor
İnsan hakları yiyor işte
Özgürlük yitik bir çocuk
Anasını arıyor

And when summer sits on our porch
with its hailstorm of sunlight
emerging everywhere
in the kaleidoscope of colors and scents
we'll feel the earth's pulse
like the milk boiling in Asli's breast
that recalls Karem's troubled brow,

but right now it storms: an exploitive rhinoceros
with a bloody fork
that eats democracy from a golden plate,
chewing on human rights.
See: there's a child without freedom
look for his mother in the storm.

KIRK GÖZLÜ KÖR

Kötü kötü bakma öyle
Fıkırdayıp durma gökyüzü
İnsanı günaha sokma gene
Eğirmem seni mavi yün
Kirmenim tutuklu şimdi
Çıkrığım sürgün

Kara kara taşlarla
Kalın bir duvar örmüşler
Kirli çirkin bir duvar
Işığın ve sevdanın önüne
Haydi git yoluna gökyüzü
Başıma iş açma gene

Hayır gel gitme gökyüzü
Gitme hep üstümüzde kal
Ben kırk gözlu körüm şimdi
Sevda kırk ayaklı topal
Uzat mavi merdivenini
Sonsuz aydınlık ve ak

Gel gitme gökyüzü
Gitme hep üstümüzde kal
Yağmurumuz mavi yağsın
Mavi aksın çeşmelerden sular
Kadınlar mavi tenli olsun
Yeşersin sevda yıkılsın duvar
Ağlamak yasak olsun dilerim
Yüzüm yorulursa eğer
Ellerimle gülerim

Ben kırk gözlü körüm simdi
Sevda kırk ayaklı topal
Gel gitme gökyüzü
Gitme hep üstümüzde kal
Daya mavi memelerini
Bozkırlarin ağzına
Öyle acıkmışım ki ışığa
Bin yıl emsem doymam

Blind with Forty Eyes

Keep your eyes from my zippers and snaps,
oh sky, and stop your lip licking
for you tempt me. Still,
I won't spin your blue wool
because my spindle's now a prisoner,
my wheel, a deportee.

They constructed a wall of black stones,
a filthy barricade of concrete
that eclipsed both light and love.
Step aside, sky,
your sweet nothings sweat calamity.

But I can't ask you to leave
for you must stay above us eternally.
I'm now blind with forty eyes
and love is lame despite its forty feet.
Extend your blue ladder
from earth to the light and white.

Don't leave, oh sky.
Please, don't go. Hover forever
and, if you like, sing your blues
with that voice like water flowing from faucets.
Please don't leave. Please stay forever
leaning your full blue breasts
to the parched lips of the plains.
You see, I'm hungry and thin
and I'll remain unsated
even should I suckle a thousand years.

KIRK KİLİTLİ SANDIK

Sen ninni söylerken anne
Arı kuşları konuyor
Sesinin dallarına
Ateş böcekleri konuyor
Altımı ıslatmam artık
Ve giysilerim
Dar gelmez sırtıma

Sen ninni söylerken anne
Kelebekler konuyor
Kirpiklerimin ucuna
Gelin böcekleri konuyor
Kapının ardında mı uyku
Dizlerimde mi göğsümde mi
Söyle girsin gözlerime

Söyle şu kedilere anne
Girmesinler düşlerime
Miyavlamasınlar eğri büğrü
Anne söyle şunlara
Kuşlarımı yemesinler
Oynamasınlar oyuncaklarımla

Tavan nereye gitti anne
Nereye gitti evimizin duvarlari
Daya ellerini anneciğim
Kediler düşmesin üstüme
Yumarken gözlerimi gizli bir el
Sakla beni anneciğim
Bin kilitli sandık içine

Chest with Forty Locks

Your lullabies cultivate an amazed
squadron of birds and bees. On your vocal chords
fireflies land, lighting then dark.
I won't wet my pants anymore, mommy,
and I'll keep my clothes tidy.

When you sing lullabies, mommy,
butterflies gather on my eyelashes
and ladybugs descend.
Is sleep hidden behind some door
down in its knees, weeping? Or worse, on its chest?
Please, it is welcome in my eyes.

Mommy, tell the cats to stay away
from my dreams; tell them not to stand
on my night table with their lying meows.
Please, mom, forbid them from eating my parakeets,
from batting at my toys.

Where did the ceiling go, mommy?
Where have the walls run off to?
Please keep me near tonight—
I fear the cat will fall on me
when I empty my pockets for sleep.
Oh mother, hide me
in a chest with forty locks.

KUŞ GÖMÜTÜ

Yıllar önce et koynumda
Bir kınalı kuş ölmüş
Öğrenip de ne yapacaksın
Kim öldürmüşse öldürmüş
Ben de bilmiyorum işte
Durmadan kanayan bu kuşu
Et koynuma kim gömmüş

Yıllar önce yüreğimde
Gizli bir ateş yanmış
Öğrenip de ne yapacaksın
Kim yakmışsa yakmış
Ben de bilmiyorum işte
Hiç sönmeyen bu yangını
Yüreğimde kim çıkarmış

Şiir yazmadığım günler
Ben de bir kuş ölüsüyüm
Bir türküye kazın gömütümü
Bir sözcüğe gömün beni
Çiçek yerine türkü getirin
Türkülerle örtün üstümü

Bird Grave

Years ago a henna-ed bird
died in the cage of my ribs
and it's a mystery
who killed it, just as
I don't know who buried
this eternally bleeding bird
deep in my bosom.

Years ago someone set
alight the wick of my aorta
and it's a mystery
who struck the match
just as I don't know how that fire
started beside my heart still
burns brightly, seemingly forever.

These days without poetry
leave me like a dead bird.
Make my coffin a word,
dig my grave in a psalm, then forget
flinging flowers in that cold hole;
instead just cover me with song.

GÜZEL SUÇ

Boğma beni su
Bu altın boruları
Ben yapmadım
Yakma beni ateş
Altın beşiklerde
Ben yatmadım

Kovalama beni çığ
Bu eğri yolları
Ben yapmadım
Boğma beni deniz
Dalgaları beşe alip
Ona satmadım

Asma beni dar ağaci
Bu eğri yasaları
Ben yapmadım
Çekme beni kara toprak
Evreni aşar sevgim
Sığmaz kucağına

Uç yürekten yüreğe
Bin kanatlı kuşum
İnsanı insana götür
Kıskan beni yargıç
Bu güzel suçları
Ben işlemedim

Uç dudaktan dudağa
Bin kanatlı kuşum
Götür ek sıcaklığımı
En somurtkan çağa
Kıskan beni ölüm
Bu evrensel elmayı
Ben dişledim

Beautiful Felony

Water, don't drown me
because I didn't build
the golden pipes that trap you.
And don't jab your finger at me, fire,
for I didn't lay
in the golden cradle.

Don't chase me, avalanche;
I didn't lay the asphalt
of these serpentine roads.
Don't drown me, oh ocean,
I'm not the one who paid five bones for the waves
only to sell them for ten.

Don't hang me, gallows,
you know I'm not guilty
for these crooked laws.
And black soil, don't beckon me.
My love extends beyond the universe
so it wouldn't fit your embrace.

Fly from heart to heart,
my birds; may your thousand wings
bring humans to humans.
Be jealous of me, my judges,
for I did not commit
these beautiful felonies.

Fly from lip to lip,
my birds; with your thousand wings
take my warmth and sow
the age of despair.
Death, be jealous of me:
I bit the universal apple.

EMEKLİ ABDULLAH AMCA

Dokunuyor bana artık
Ekşi tatlı tuzlu tuzsuz
Neşter yara sancı gece
Dokunuyor ayak sesleri
Kırk ayaklı hemşire

Dokunuyor bana artık
Açık kapı kapalı kapı
Soğuk sıcak ışık gölge
Dokunuyor taze kahkaha
Narkoz sesli hemşire

Dokunuyor bana artık
Giden tren duran tren
İnişler yokuşlar düzler
Dokunuyor sıla gurbet
Tanıdık tanımadık yüzler

Dokunuyor bana artık
Uzun gece kısa gece
Batan ay batmayan ay
Dokunuyor hayal gerçek
Kaçıyorum düşlerimden

Dokunuyor bana artık
Kuru ağaç yeşil ağaç
Uçan kuş uçmayan kuş
Dokunuyor batan gemi
Yumuyorum gözlerimi

Koşar koşar da zaman
Aşınmaz gizli ayakları
Yaşamayı döller ölüm
Kardeştir canlı cansız
Sevgi evreni büyütür

Retired Uncle Abdullah

Sourness, sweetness, saltiness, and blandness
upset me.
Lancet wounds, aches, and night
with its footsteps
of forty nurses' feet

opening and shutting my door,
upset me.
Cold, heat, light, shadow
and fresh laughter
upset me.
The narcotic voice of my nurse

above the trains pushing on and trains pausing
upsets me.
Ups, downs, and flats
recall my land,
upsetting me.
Familiar and unfamiliar faces

make the nights long then short. This
upsets me.
Sinking moon, steadfast moon,
imagination and reality
upset me,
so I flee from my dreams.

Dry trees and green trees
upset me.
Flying birds and flightless birds,
and sinking ships
upset me.
I am closing my eyes

as time runs and runs
with feet that never wear away.
Remember: death inseminates itself;
the living and the dead are brothers; and love,
love brings up the universe.

KOKULAR

Üşüyorum yeğenim
Ateş kokuları geliyor
Komşu evlerden
Isınıyorum yeğenim

Ateş kokar mı deme
Kokar elbet yeğenim
Hem de nasıl kokar
Üşüyenler bilir bunu
Yalnız üşüyenler alır
Ateşin kokusunu

Çarşıda dolaşma sakın
Geçme mağaza önlerinden
Bakma vitrinlere yeğenim
Pahalı kumaş kokuları
Kadın kız kokuları gelir
Hem ayıp hem günah yeğenim

Uzak diyarlardan
Uygarlığın özgürlüğün
Kokuları gelir yeğenim
Tutsaklar bilir bunu
Onlar herkesten önce alır
Özgürlüğün kokusunu

Terliyorum yeğenim
Deniz kokuları geliyor
Heber bültenlerinden
Serinliyorum yeğenim

Odors

I am chilly, nephew.
I can smell the fire
from the neighbor's home
and hope to get its heat.

Don't say that flames have no odors,
they do, nephew,
but only the truly cold can understand.

Don't wander the marketplaces
or stand before the stores. Don't look inside:
the stench of lavish fabrics and scents of rich women
are shameful. Worse, sinful.

From far away lands
I can smell the spices of civilization.
Only a captive's nose knows this;
we can smell the odors of freedom first.

I'm feverish, nephew,
and I can smell the ocean's salt.
I can feel the cool breeze
of the news briefs.

BÜTÜN KIZLAR NİŞANLIMIZDI

Çocuktuk
Ayışığında bata çika
Çığlık çığlığa oynarken
Köyün tozlu sokaklarında
Kırda çiçek toplar gibi
Yıldız toplardık gökten
Bölüşürduk çekiş dövüş
Doldururduk ceplerimize

Çobandık
Yorgunduk yoksulduk çok
Dağda ateş yakardık
Davar güderdik gündüzleri
Gece yıldız güderdik gökte
Bütün saraylar evimizdi
Nişanlımızdi bütün kızlar

Deliydik
Delikanlıydık biz
Bütün düşler düşümüzdü
Bütün gerçekler gerçeğimiz
Sevgilimizdi bütün güzeller
Konuşurken gülüşürken
Seslerimiz havada öpüşürdü

Ak saçlıdır şimdi
Eski püskü düşlerimiz
Bütün saraylar yıkık
Bütün gemiler batık bize
El uzattık ses uzattık
Selam attık sevgiliye
Ellerimiz havada kaldı
Havada kaldı seslerimiz

All the Girls We were Engaged To

As children we played
loudly in the moonlight
on dusty village roads—
like picking flowers from a field
we gathered stars from the night
and fought about sharing their sheen
before we filled our pockets;

we were shepherds then,
weary and poor,
and built our fires on plateaus.
Although we herded sheep all day,
at night we herded stars.
Every palace we called home.
All the girls were our fiancees.

We were foolish.
Youthful.
We carried dreams in our packs
but reality clogged our pockets.
Our lovers all won beauty pageants.
When we spoke and laughed
our voices would kiss the air.

Today those dreams
have grey hair; a wrecking ball
demolished those palaces;
all our ships sank for us, but still
we try to stretch our hands and words
to greet our women across this rubble.
Still, our voices go unheard
and our fingers remain curled around nothing.

GÖÇEBE

Yorulmadık
Bunca yokuşları çıkıp
Bunca dağları aştıktan sonra
Yeni başlamış gibi kavgamız
Şimdi çıkmış gibiyiz yola

Kurarken yeni dünyayı
Hem ölüyüz hem diriyiz
Göçebeyiz çağdan çağa
Günde kırk kez sürülsek de
Yerimizde gibiyiz
Gökten ölüm yağar başımıza
Ağlarken güler gibiyiz

İt gibi uluyor faşizm
Keklik gibi ötüyor ölüm
Korkuyu aşar gibiyiz
Türküden atlar üstünde
Akşamda vursalar bizi
Sabahta yaşar gibiyiz

Söyle bana süslü ozan
Şiirin niçin yalınayak
Boynu bükük elleri koynunda
Hani nerde cephanesi
Tüfeği niçin yok omzunda
Kovalarken kaçar gibisin

Hiç düşündün mü sevgilim
Sordun mu kendi kendine
Niçin tiksinir bahar
Eğri öten kuşlardan
Neden çivi gibi batar
Okullarda zil sesi
Halk çocuklarının kulağına

Eğilmis topluyor işte
Amerikan dolarını
Pislik toplar gibi yerden
Cebi büyük kapitalizm
Bir kardan adam bile
Senden daha sıcak
Kendini yapan çocuğa

NOMAD

Our legs don't complain, tired and dusty,
despite the miles of hills
and the eternal mountain passes
steep with peril. Such struggles stress our promise:
a new street stretching from our door.

It's a new world we design
so we're both corpse and embryo,
lost like nomads between the cities of two ages
and exiled in that desert we call Time.
Still, were we expelled forty times a day
we would feel like we never left our neighborhoods.
A thunderstorm of death smiles its lightning
and we cry our laughter.

Fascism rages like a rabid dog
while death whistles its partridge song.
We've unpacked our fear
and celebrate with beer, horses, and music.
Were they to liberate bullets into our bodies
we'd still feel like rising with the sun.

Tell me, fancy poet, why your poems
walk barefoot through the city,
muttering to themselves, delusional and destitute.
Where are their bullets? Their fatigues?
The rifles that ought to lay on their shoulders?
They are both the hunters and the prey.

Do you ever discuss love?
Do you ask yourself
why spring spits its disgust
through the beaks of birds with crooked whistles
and a school bell
that skids through the ears of children
like a nail?

Here he bends and reaches
for greenbacks, picking them from the roadbed
like filth or lice.
Capitalism is so huge
but even a snowman is warmer
to the children with chapped hands who made him.

Uyana halkım uyana
Varıp gerçeğe dayana
Irgalaya Kafdağını
Bir o yana bir bu yana
Göçtü bütün sevdiklerim
Nakışlı yasalar gereğince
Beni de sür sürgüncü başı
Islığımla yazdım dilekçe

Awaken my people! Awaken!
See how reality
grabs the throat of the mystic mountain,
and shakes   shakes.
All my loved ones have fled
from your embroidered laws.
I want exile too;
see the petition I wrote with my whistle.

ÖPÜŞMELER

Kırdı kabuğunu
Çıktı dışarı şiir
Civciv yumurtadan
Çıkar gibi

Açtı gözlerini
Baktı faşizme şiir
Güvercin tüfeğe
Bakar gibi

Kına yaktı dudaklarına
Sayın oğlu sayının biri
Öptü faşizmin ayaklarını
İnek otu öper gibi

Soydu kefenini
Örttü ışığın üstüne
Kokladı karanlığı
Ölü ölüyü koklar gibi

Kanatlandı
Ruhi Su'nun telleri
Uçtu Nazım'ın dağlarına
Evreni kucakladı şiir
Pir Sultan Bedrettin'l
Kucaklar gibi

KISSES

This poem broke its shell,
jiggled from it
just as a chick
moves from its egg.

This poem lifted its eye lids
and stared at fascism
just as a pigeon
stares at the shotgun.

With some henna
on its lips, this esteemed son of a bitch
kissed the jackboot of fascism
just as a heifer
kisses some weeds.

It unzipped its body bag,
blackened the light
and smelled the darkness—
pungent scent of the dead.

But the music of Ruhi Su
flew to the peaks of Nazim Hikmet
and this poem wrapped its arms around the universe
just as Pir Sultan
embraced Bedrettin.

GÖZSÜZ

İsterim sen de bilesin
Benim bildiklerimi
İsterim ağlamayasın
Benim güldüklerimi

Senin de gözlerin olsun
Görmeyi öğrenmiş gözlerin
Onlar uyu demeye utanmıyor
Ben uyan demeye utanıyorum

Kan dökmüşüm savaşlarda
Uğruna düşman dökmüşüm
Bu memleket senin mi
Sormaya utanıyorum

Kulağına yalan kaçmış
Duy demeye utanıyorum
Bu yorgunluk senin mi
Geceden dışarı taşmış

Bu avuç senin mi
Aç demeye utanıyorum
Bu uygarlık bizim mi
Yazmaya utanıyorum

No Eyes

I want to pass you
the baton of all I know.
I want you to laugh
at that which I cry.

May your eyes become
learned eyes, eyes free to see
and unashamed of saying *sleep*.
Mine are ashamed to say *awake*.

My body wept blood in wartime;
I wasted enemies
for the land—is it yours?
I am ashamed to ask.

Lies slithered into your ears;
now I'm ashamed to say *hear!*
Is this your weariness
steering by the stars of night.

Is this your hand?
I am ashamed to say *open*.
Is this our land?
I am ashamed to write.

ASILACAK KİTAP

Bana bak deli kitap
Aç kulağını da dinle
İnme raftan aşağı
Aklını başına topla artık
Otur oturduğun yerde

Ekmeğine karanlik sür
Işıktan söz etme sakın
Özgürlüğü alma ağzına
Sömürüden ne istersin
Sana ne insan haklarından
Sen insan değilsin kitap

Uslu durmazsan eğer
Uyandırırsan insanları
Bakmam gözünün yaşına
Kulağından tuttuğum gibi
Veririm devlet ağaya
Eylül Paşaya seni

Sorguya çekilirsin
Elektrik verirler
Cop sokarlar orana
Asarlar seni kitap
Cayır cayır yakarlar
Mahkeme kararıyla

Gel etme eyleme
Söz dinle deli kitap
Doğduğuna pişman olursun
Sonra söylemedi deme

Book on the Gallows

Look how that pitiful book,
holds its ears tight
to its pages. It keeps
its senses by staying on the bookcase
between the poetry and physics.

Its author spreads darkness on his bread
and murmurs at the mention of enlightenment,
feigning conversations re: freedom,
saying, *What of exploitation?* He claims
no association with human rights
for his children are words.

If he should speak loudly
he would waken his neighbors behind these wafer walls,
neighbors with so little pity
they would give gift-wrapped copies
of his book to the Generals of September

knowing they'd interrogate its pages
with the rage of electric shocks.
They'd sodomize it with night sticks.
By court decree they'd hang that book
and then cremate it one page
then the next: title page to index.

Beware of that book—
these words are wiser than its.
It would be ashamed of its birth on the press.
Would regret even its author's pen.

KALEM UYUMAZ

Bu gökler eskidi
Bu gökler hasta sevgilim
Bu gökler yakında ölecek
Mavisini ısırdı zulmün itleri
Bize ağlamak yakışmaz
Yeni bir gök yapalım kendimize

Gemilerin atıdır gözlerin
Saçların rüzgarların atı
Tepinir yaramın üzerinde
Sessizliğim gürültünün atı
Işığın işi ne körün kapısında
Bu karanlık ölülerin atı

Gelin bölüşelim insanlar
Acıyı kıvancı mutluluğu
Avuç avuç dilim dilim
Sevgi yapalim öfkeyi kini
Aşımız ekmeğimiz olsun ışık
Güzelliği bayrak çekelim
Direklerimize

Evren sığar da
Ozanların düsüne
Kendi şiirleri sığmaz
Ozanlar uyusa da geceleri
Kalemleri uyumaz

The Pen Never Rests

This sky is old.
This sky is overripe with disease
and will soon die. See:
its blue was bitten by the rabid dogs of oppression;
and since crying is out of style,
let us create a new sky for ourselves.

Your eyes to the sea guides the ships to shore.
Your hair, stampedes in the wind,
and tramples my wounds.
My silence welcomes this clamor.
Light stalks outside the door of blindness,
and night is the horse for its hearse.

People, let's share
our fistfuls of pain, our pockets
of pride, and our slivers of joy.
We may mold love from anger and grudges
and can find sustenance in light.
This is our new land—
we'll hoist the flag of beauty up our poles.

The universe cups what poems
cannot—it holds
the dreams of a poet.
Even when he sleeps each night,
the pen never rests.

KANAMA

Yazar daktilo serçe darı gaga
yağmur dolu nohut dam tutya
gök bulut şimşek sokak tufan
gece karbon kömür arap çuha
kız gümüş kahkaha öpüs mağma
çığlık üçel ateş tak tak tak
bıyık bıçak kan kurşun yürek

şafak horoz güneş dağ yamaç
yayla çinar söğüt ceviz defne
oluk su yosun kız testi çeşme
çoban kaval azık türkü bazlama
vadi koyak havuz çınar gölge
yolcu uyku düş yangın yılan
kanatsız kuşlar kuşsuz kanatlar

şiir ozan arı çiçek zampara
devrim adlı bir kız analık pıtrak
yazar kitap kilit müzevir bahşiş
duygu keçe küfür ağız salya
sevgi yasak çamur kancık sinek
nişanlım çay demliyor kanımla
kutsal kemik altın dişli köpek

deniz gemi yelken martı direk
balık yosun tuz köpük dalga
liman gemi ayrılık sevi mağma
müzevir uşak çamur kuyu tuzak
nişanlım mendil yıkıyor kanımla
meydansiz er ersiz meydan

kitap beyin güneş bilim teknik
devrim sanat sabır insan emek
düşünce inanç sevgi çaltı yara
ağız kilit kukla robot çelik elma
çok ağızlı müzevir kına karga
umutsuz aşklar aşksız umutlar
nişanlım sesini boyuyor kanımla

BLEEDING

The writer's typewriter, sparrow with millet in its beak,
rain, hail, chickpea, roofing zinc,
sky, cloud, thunder, flooded streets,
carbon night, coal, arab broadcloth
for the girl with a silver laugh, her kiss,
her scream, three shots—*bang bang bang*—
machismo, knife, blood, bullet, heart.

At dawn a rooster, sun on the mountain slope,
the plateau, the plain, on the willow and walnut, on the sweet bay,
the gutter water, the moss, the girl with a water jug, the fountain.
A shepherd with his flute song and lunch of bread and butter
in the valley, on the plain, by the pool or in the shade of a willow.
The traveler sleeps, dreams fire and snakes;
featherless bird, birdless feathers.

Poetry of the poet, bee by some blossoms, flirt
with a girl's name, revolution, motherhood, bur,
writer and her book, lock, informer with his tip,
emotion, swearing mouth, saliva,
banned love, mud, bitch, fly,
my fiancee making tea with my blood,
holy bone, hound with a golden tooth.

Ocean with ships, their sails, masts, and gulls.
Fish, seaweed, salt, foaming waves
on the hot sand, love poems, human nature,
seaport, the separation from love . . . .
Informer, servant, pit trap full of magma.
My fiancee washes handkerchiefs with my blood.
The brave with no arena, the arena without the brave.

Book, brain, sun, science, technology,
revolutionary art, patience, human labor,
ideal thought, love, wound,
voice, lock, puppet, robot, steel, apple—
the many mouths of informers like henna crows.
Oh hopeless love. Oh loveless hope.
My fiancee paints her voice with my blood.

SÖZCÜKLER DİL ÇİÇEKLERİM

Uyuyan sözcükleri
Öpe öpe uyandırdım
Okşadım yanaklarını
Sevda şiirleri içirdim
Düş gülleri koklattım onlara
Kız kandırır gibi kandırdım

Soydum sözcüklerin kabuğunu
Yıkadım duygu suyuyla
İmgesel saçlarını
Düş tarağıyla taradım
Giydirip kuşattim onları
Gerçeklerle nişanlayıp
Bayram yerine yolladım

Bu şiiri yazarken
Ben de gittim bayram yerine
Salıncağa bindirdim sözcükleri
Dönme dolaplara bindirdim
Şiirime bindirdim onları
Şair nikahıyla evlendirdim
Açıldı ses tomurcuklarım

Selam size dil çiçeklerim
Rengarenk giyinmis
Telli duvakli gelinler
İnce belli kızlar gibi
Şiirimin içinde
Halay çeken sözcükler
Bayramınız kutlu olsun

Flowers of My Tongue

With my kisses I awaken
words, caress their cheeks and
offer to make love to them or
to make them love poems
by letting them smell dream roses.
I nurture them as if they were young women

and undress them from their shells
to wash their imaginary hair
with water from my empathy's well.
Then I run the comb of dreams through their tresses
before dressing them up
for the festival
where they interact with reality.

When I write these poems, I join
my words at the fairgrounds
and watch them swing
or ride the ferris wheel.
With my poems,
I am a polygamist by poetic decree.
And so my sound bites blossom:

Hurray to you, O flowers of my tongue!
You shimmer
like beautiful, slender brides.
O happy celebrations—
these dancing poems.

SEVMEYENLER NE ANLAR

Kendi kalemde sürgünüm
Senden ayrıldığım anlar
Kaç kalesi var gönlümün
Gezmeyenler ne anlar

Kendi çölümde bir kumum
Seni görmediğim anlar
Boşuna yanan bir mumum
Yanmayanlar ne anlar

Hem yarayim hem tuzum
Seni beklediğim anlar
Yaşam kısa yollar uzun
Gitmeyen ne anlar

Yarin kaşları kaş gibi
Kanatlanmış bir kuş gibi
Havalarda uçmus gibi
Uçmayanlar ne anlar

Sever deli gönül sever
Sevda çekilmeye değer
Tatlı bir zehirse eğer
İçmeyenler ne anlar

Only Lovers Know

Banished to my own castle,
I pace its halls when we're apart.
How many forts does my heart possess
only visitors can count.

I'm the sands of my own desert
when I don't see you.
Has a candle been left flickering for no one—
only they who lit such wicks would know.

I am a wound and salt
when waiting for you.
Whether your roads are short or long
only travelers could say for sure.

Your eyebrows are like
the outstretched wings of a bird
flying above the fields—
only those who fly know this.

My crazy heart loves you;
its mad beatings a symptom
of that sweet venom
which only those who drink can taste.

AŞKLAR DA YAŞLANIR

Aşklar da yorulur
Yaşlanır eskir
Ak düşer saçlarına
Sararıp solar renkleri
Pencere perdesi değil
Masa örtüsü değil ki
Nasıl yenilenir

Çiçek solar
Yaprak sararır
Dal kurur sessizce
Ağaç için için çürür
Kabuk değiştirir zaman
Selamsız sabahsız
Geçip gider yanınızdan

Korktuğum başıma geldi
Düşledim sizi anılar
Evcil güvercinler gibi
Su içtiniz avcumdan
Selam verdim sevgiliye
Çiçek verdim almadı
Ölmeye başladım

Aşklar da yorulur
Yaşlanır eskir
Ak düşer saçlarına
Yapraklari sararıp dökülür
Aşklar da insanlar gibi
Kimi yaşar ağlayarak
Kimi gülerek ölür

Even Love Wearies

Even love wearies
growing its allotment of grey hair
and wrinkles; its color washes out
and since it's not a table cloth
or old curtains,
how can it be replaced?

Flowers will fade
and leaves go dry and yellow;
branches become brittle
as their trees rot inside,
measuring time's passage
without chimes.

It happened as I feared;
I dreamt about us: memories
like domesticated pigeons.
You drank water from my bowled palms.
I called to my lover and gave her
flowers which she wouldn't take.
I began to die, slowly.

Even love wearies,
receiving its grey hair and wrinkles.
Its leaves golden and plummet.
It is like all of us:
some people die happy
while others live, weeping.

BEN YIKARIM MENDİLİMİ SÖMÜRGENLER KİRLETİR

Gözlerim yumar gökleri
Kirpiklerim elinizde kalır
Ay öter yıldızlar meleşir
En uzun türkümdür bu benim
Yüz yıllarca söylenir

Bu deniz niye tuzsuz Memedali
Bu balıklar niçin yarım yarım
Bu ağaçlar neden kuşsuz
Bu adam senin neyin gelir
Bir yüzü bir yüzüne dargın
Nerden bulmuş bunca çizgileri
Bunca öfkeyi nerden almış

Bu çocuk senin neyin gelir Memedali
Sirtinda kocaman bir küfe
Sabahtan akşama dek dolaşır
Mersin sokaklarında
Evlere odun taşır portakal taşır
Bu çocuğun ağzı nerde Memedali
Ayaklari niçin yarım yarım
Nerden bulmuş bunca sabrı
Bunca sessizliği kimden almış

Al bu soruları Memedali
Denizlere yuvarla
Bu gemiler benim neyim gelir
Niçin demir atar kucağıma
Yüreğime batar direkleri
Bir kız kızlığını düşürür denize
Bir kaptan ayıp yerlerini kaşır
Gömleği işçi derisinden yapılmış
Köle kemiğinden değneği
Ülkelere demokrasi taşır

Yürek sesleri gelir uzaklardan
Kamyonlar ulur kağnılar meleşir
Kulaklarım elinizde kalır
Bu kadın senin neyin gelir Memedali
Çamaşır leğeninde tükenir elleri
Saçları ağarır gizleri derinleşir
Bir tren kalkar Mersin garından
En yorgun mendilimdir bu benim
Yüz yıllarca sallanır

I Wash My Handkerchief and Still Exploiters Soil It

My eyes shut down the sky.
Their lashes lay patiently in your palms
while above us the moon croons and stars weep.
I know its song well—
we've been singing it for centuries.

Why is the sea saltless, Memedali?
Why do the fish float on their sides?
Where are the birds for these firs?
Who is this man
whose left eye glowers at the right?
Why have lines overpowered his face?
Where did he discover rage?

Who is that child, Memedali?
Look, a large basket burdens his back
as he walks all day laden with wood and oranges
in the boulevards of Mersin.
Memedali, where is his mouth?
Why does he have a club foot?
Where is his mine of patience?
Where did he find his wealth of silence?

Take my questions, Memedali;
bottle them and throw them to the ocean.
What are those boats
that anchor on my lap?
Their masts stab my heart,
and a girl flings her virginity to the sea.
The captain scratches his crotch;
with his worker's-flesh shirt
and his stick of a slave's femur,
he carries democracy to other countries.

From far away the sounds of bravery echo:
trucks laugh, ox carts sing,
but my ears remain in your hands.
Who is this woman, Memedali?
Her hands drink from a washtub
as her gray hair grows silent with secrets.
A train departs from the Mersin depot,
and I stand on the platform with my tired handkerchief,
the one to be waved for centuries.

TU
894.351 Y94

Yuce, Ali.
Voice lock puppet : poems

Central Humanities CIRC

ihumw
Houston Public Library

OCT 02